MANDALAS

Volumen 14

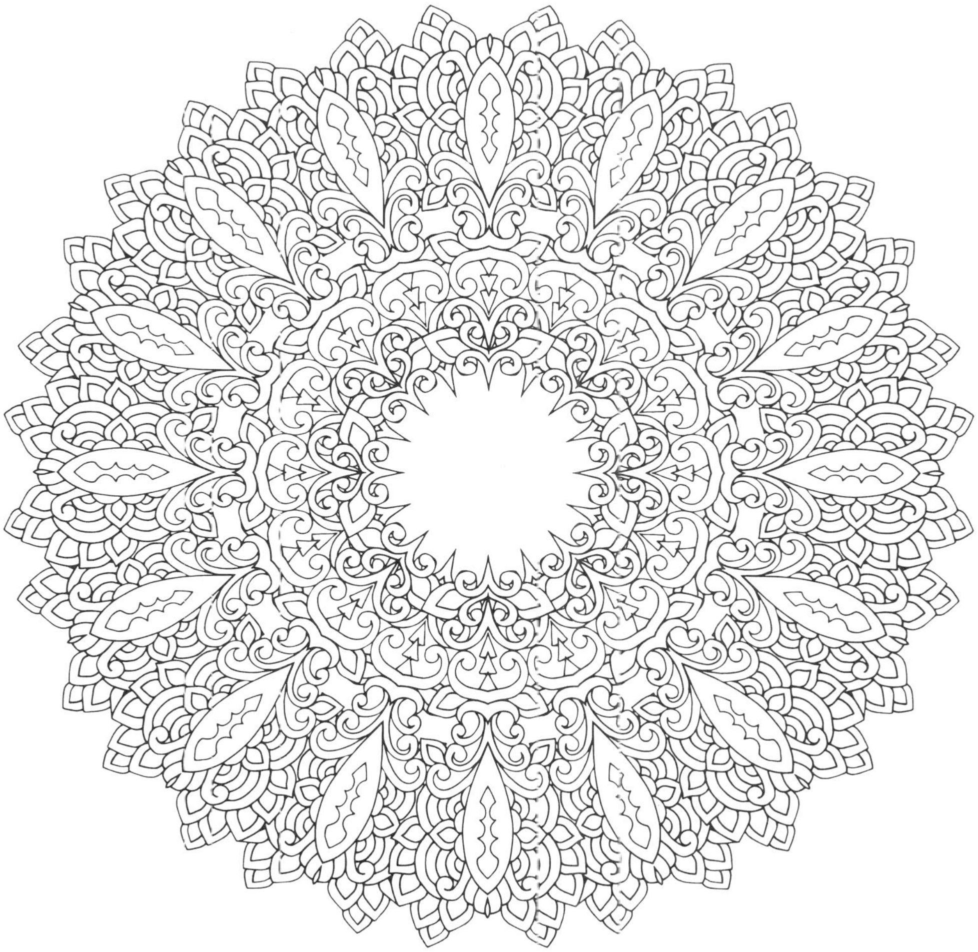

ediciones rodeno

LIBRO DE COLOREAR PARA ADULTOS

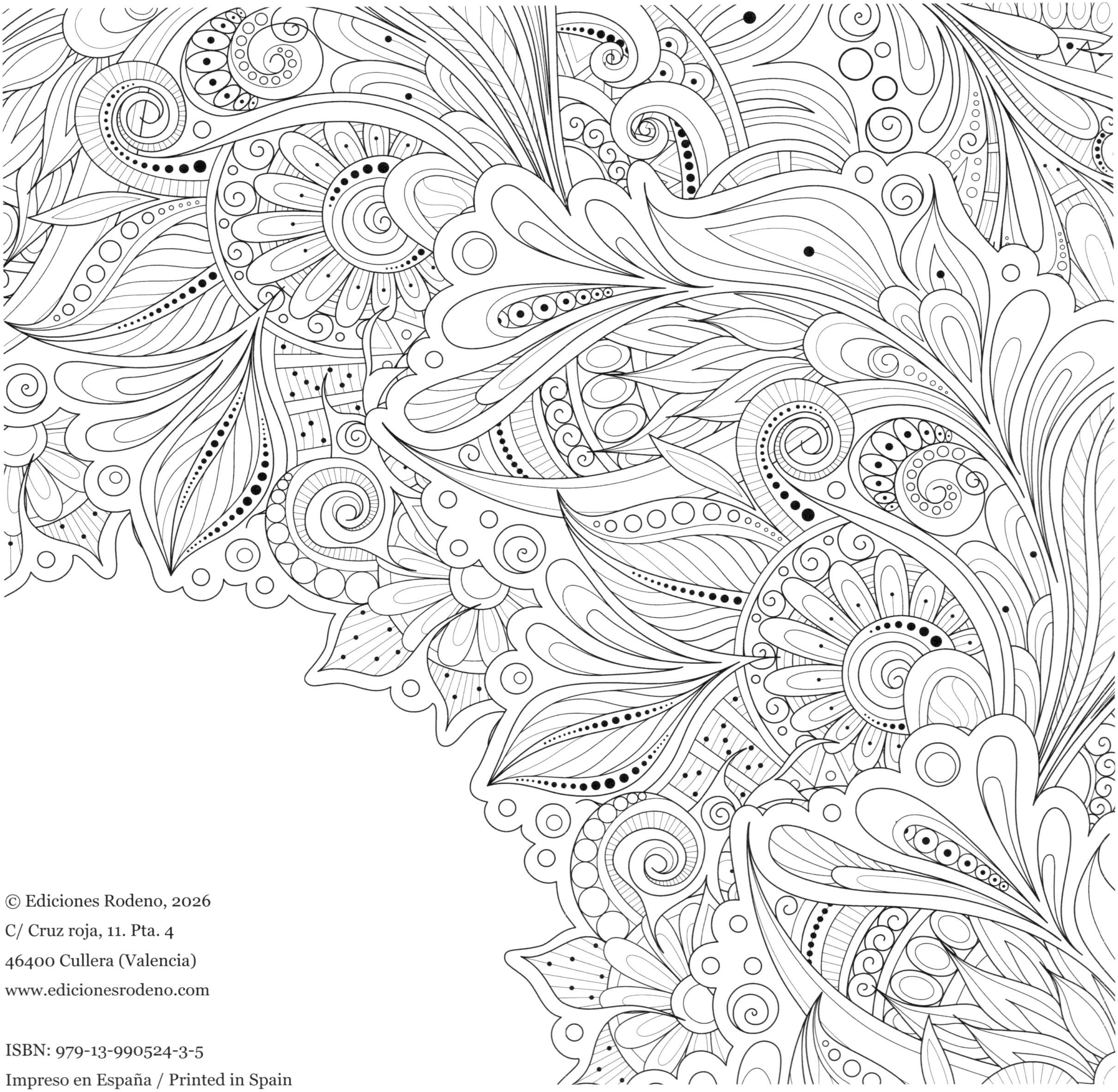

C/ Cruz roja, 11. Pta. 4
46400 Cullera (Valencia)
www.edicionesrodeno.com

ISBN: 979-13-990524-3-5
Impreso en España / Printed in Spain

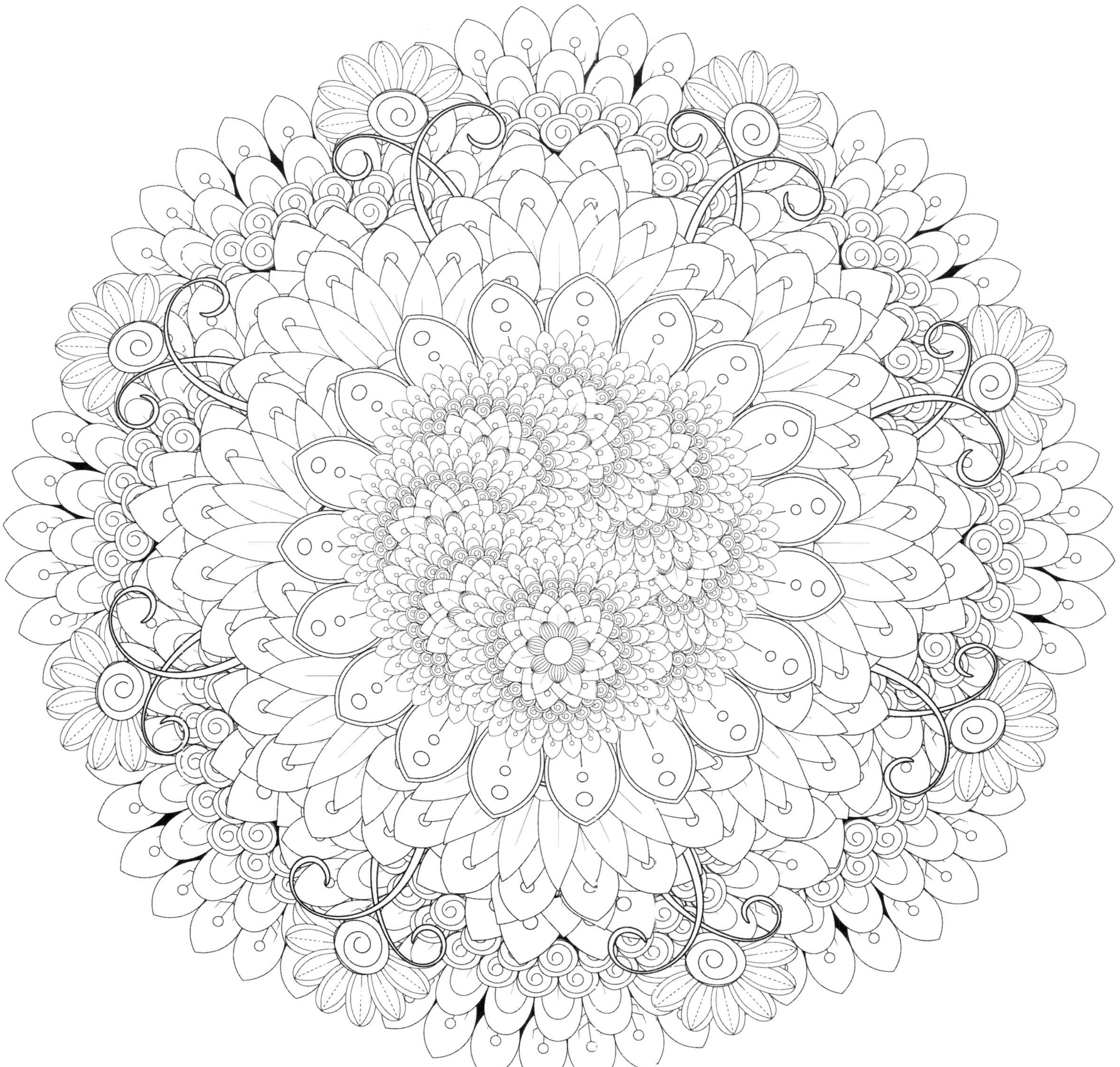

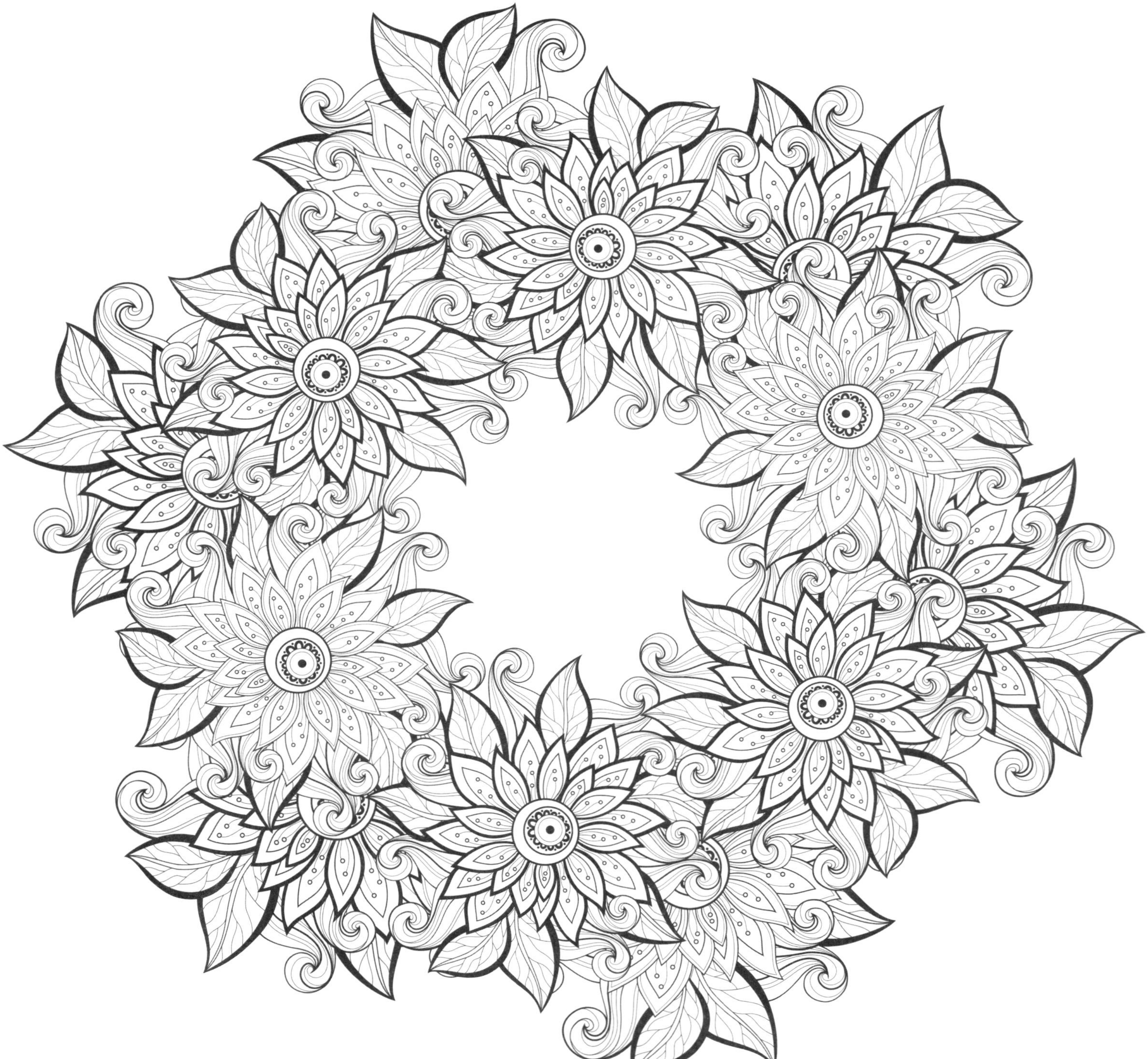

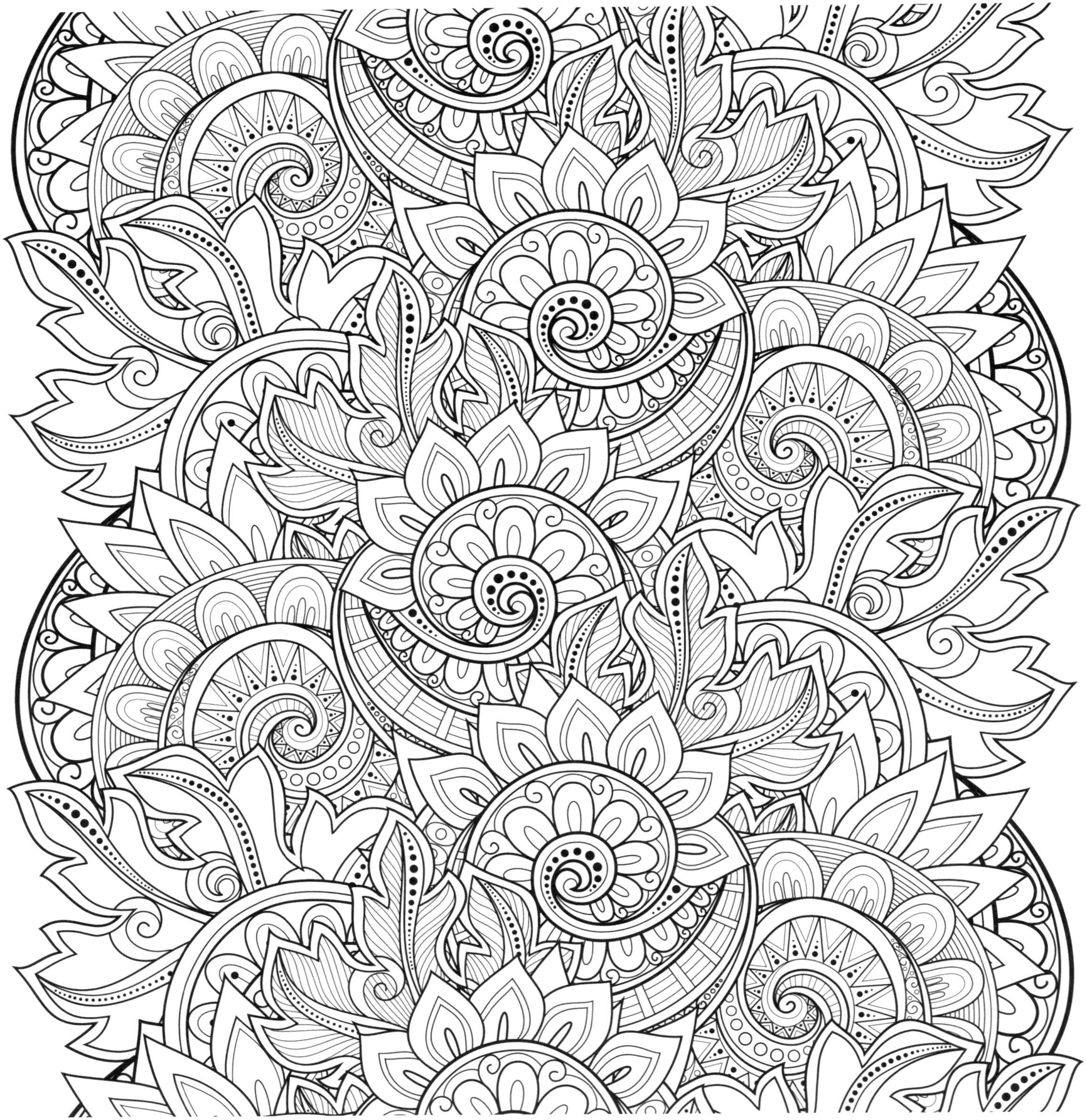

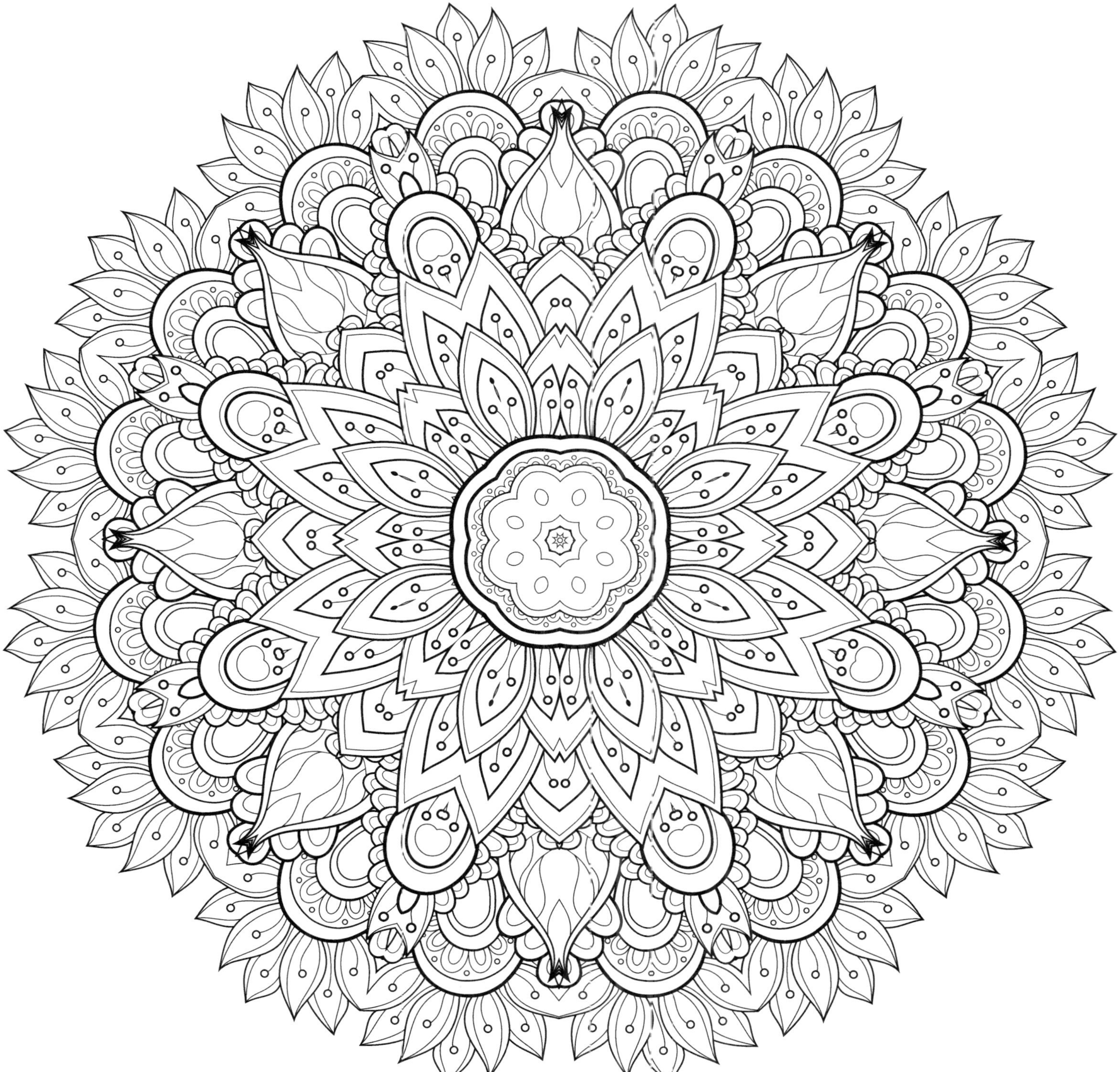

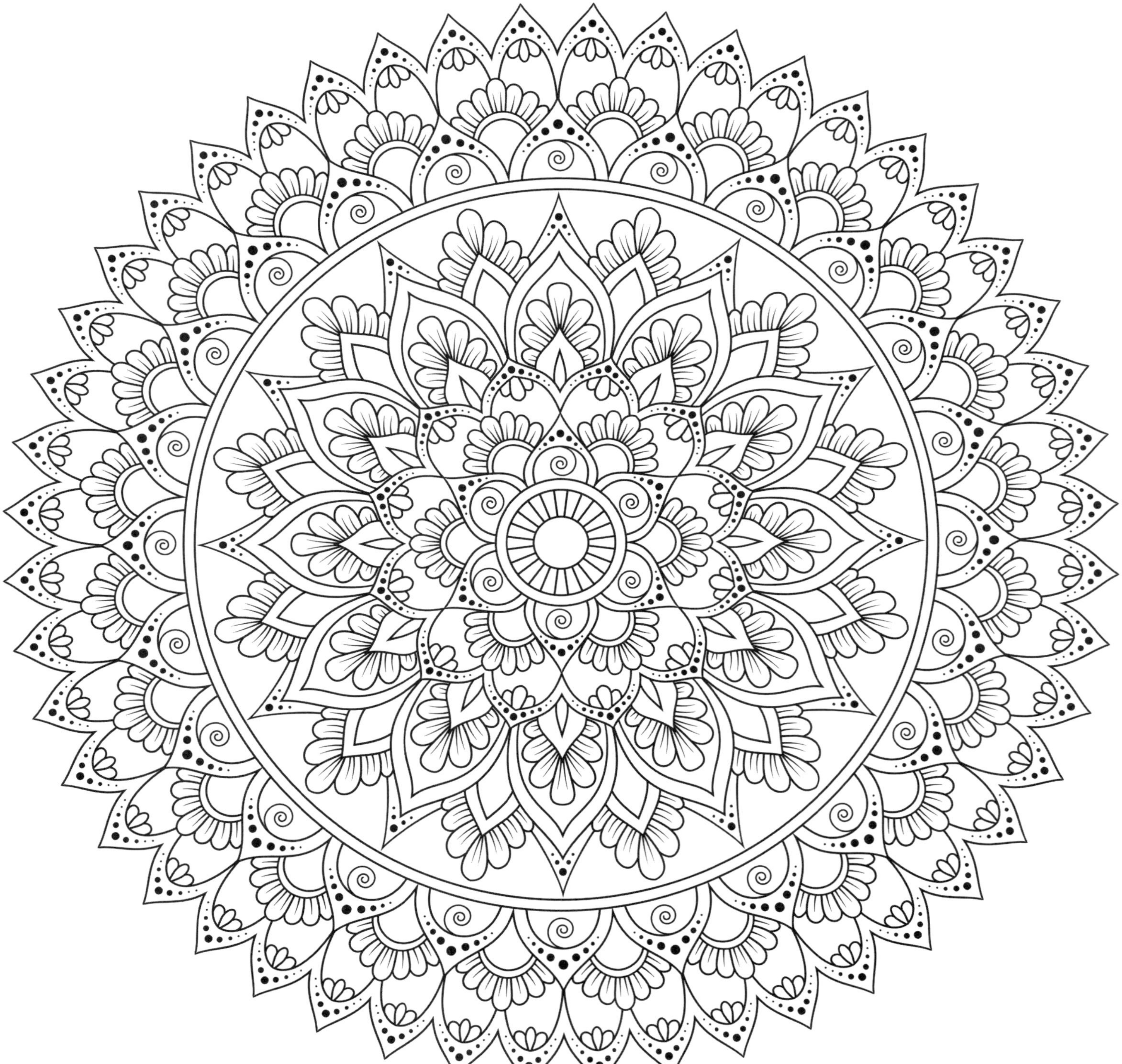

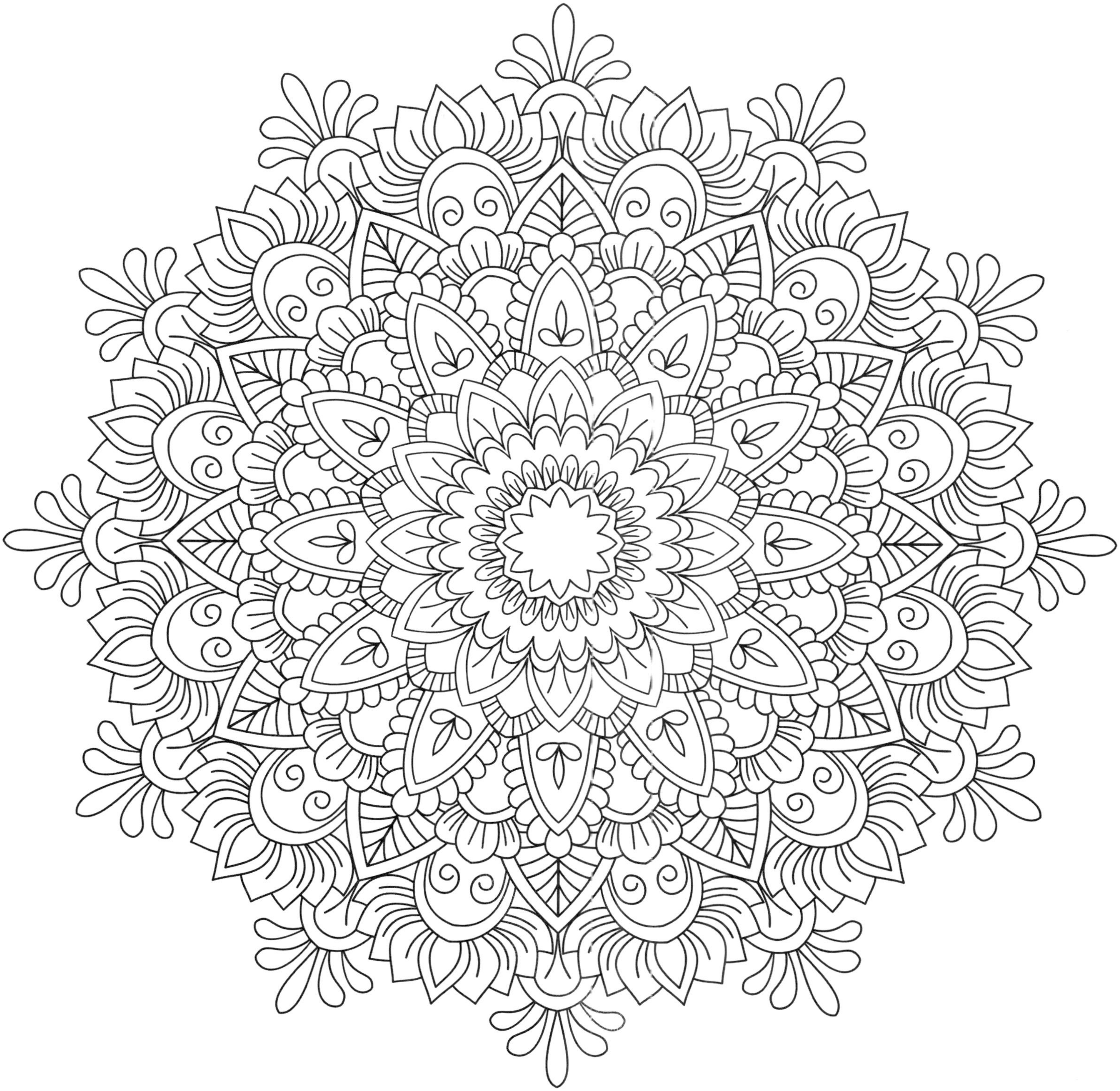

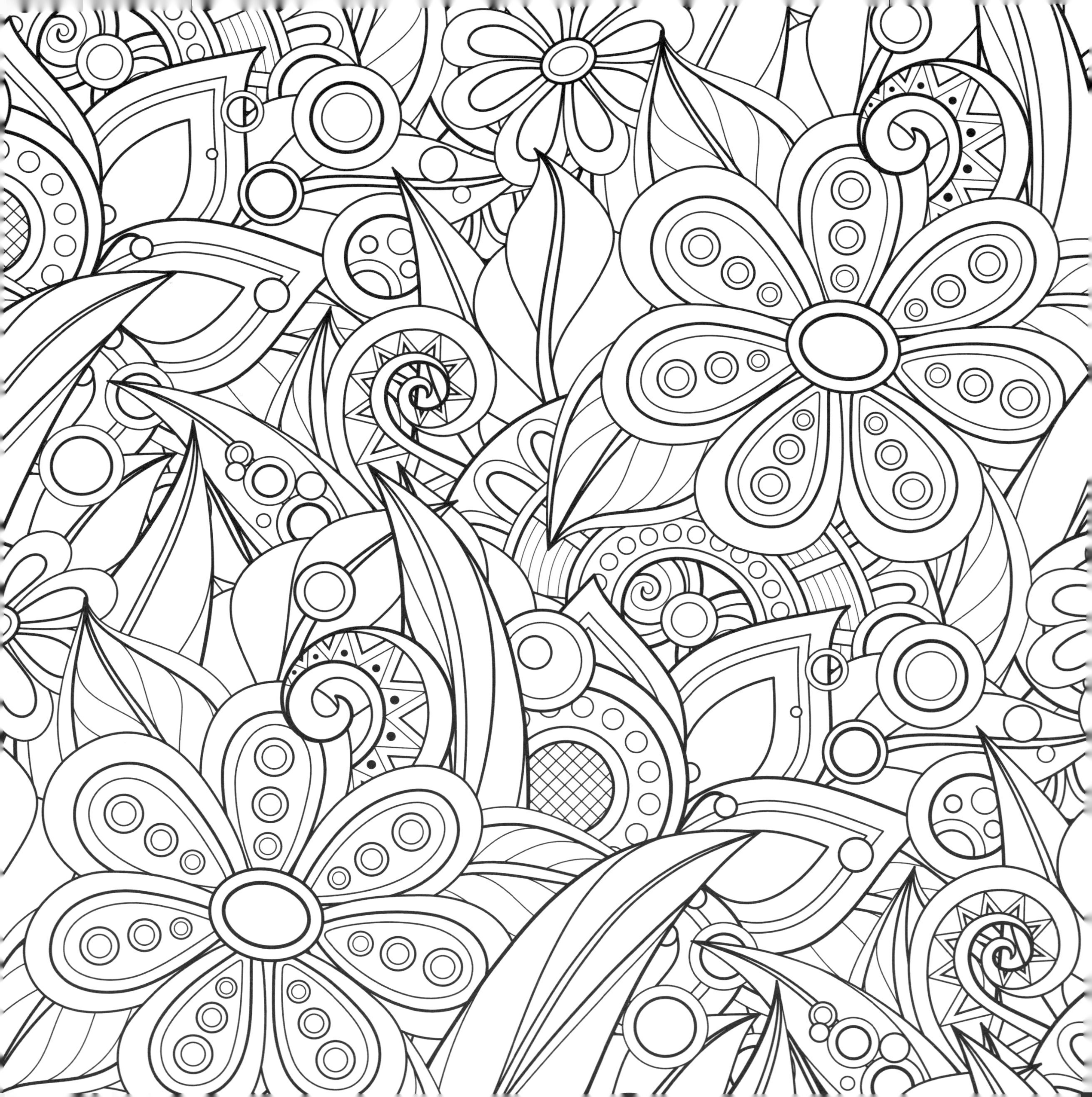

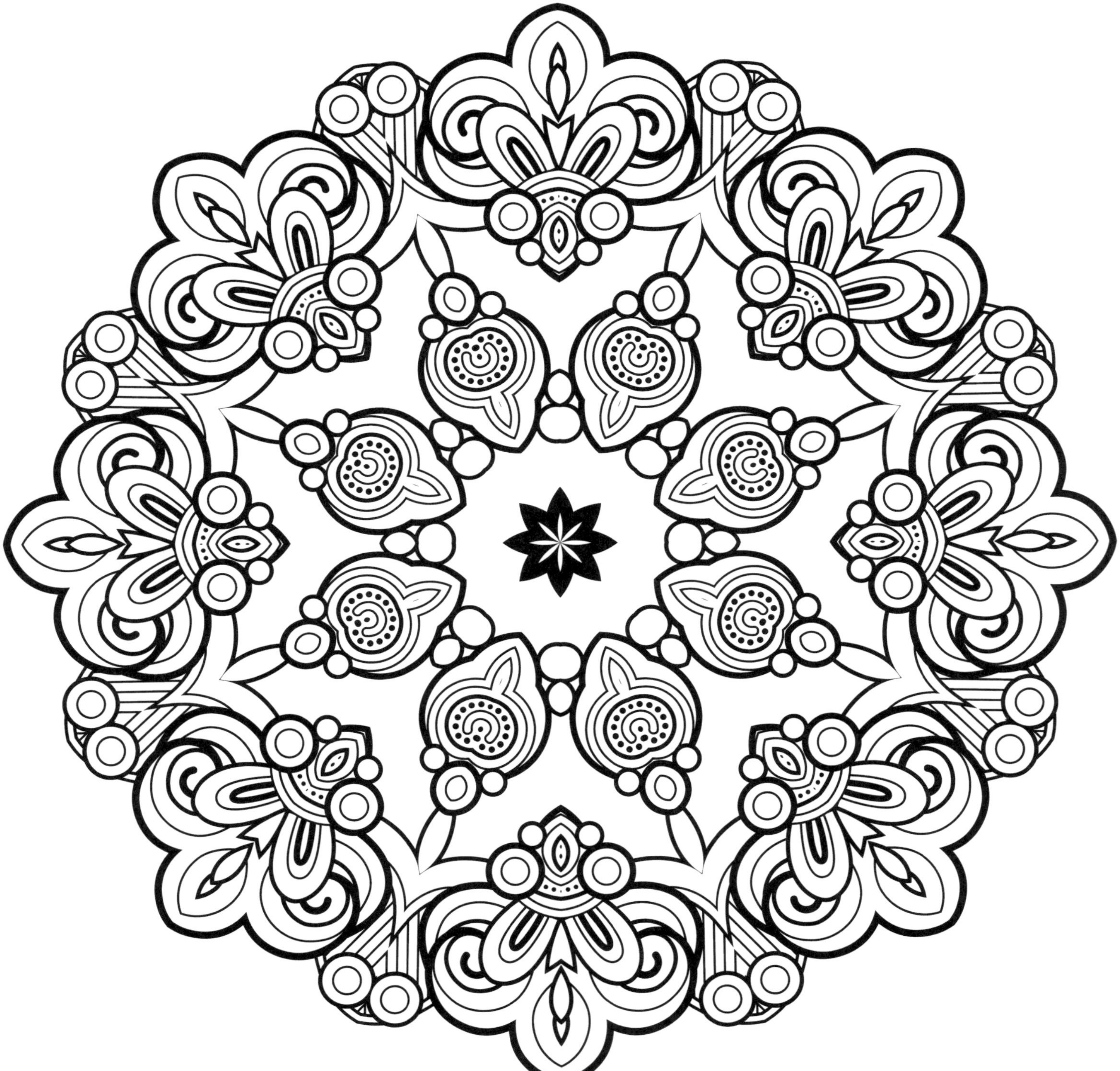

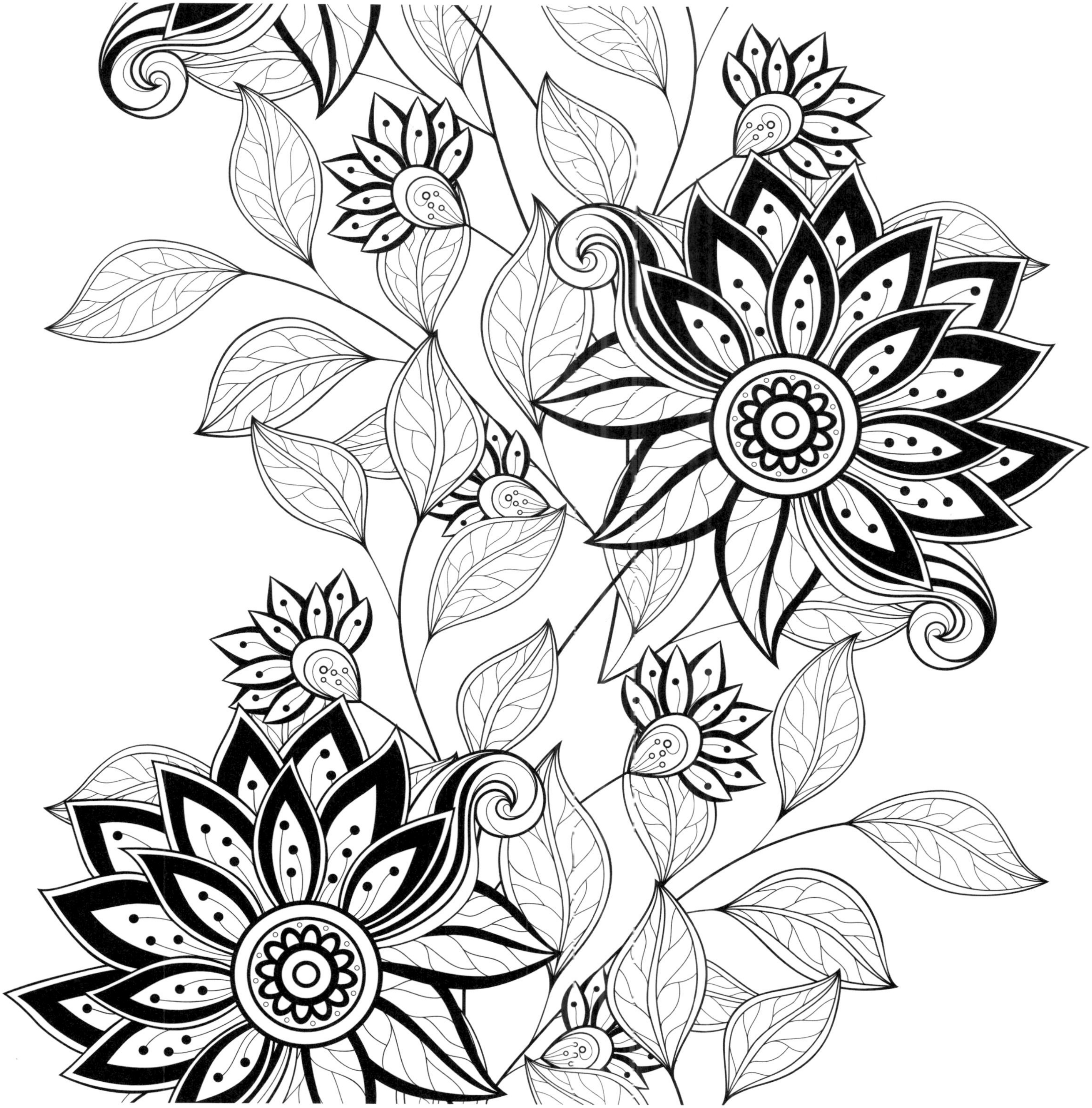

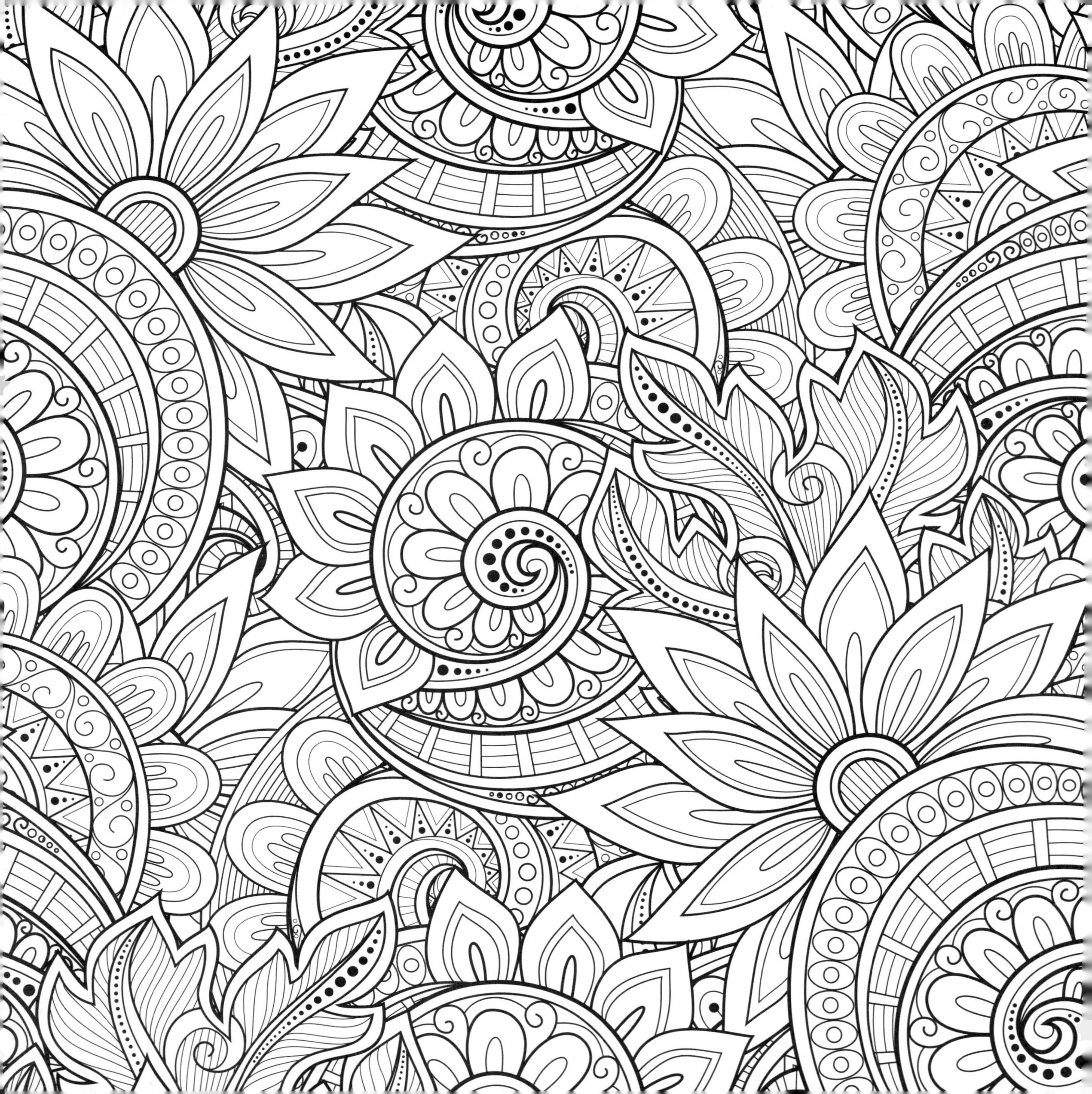

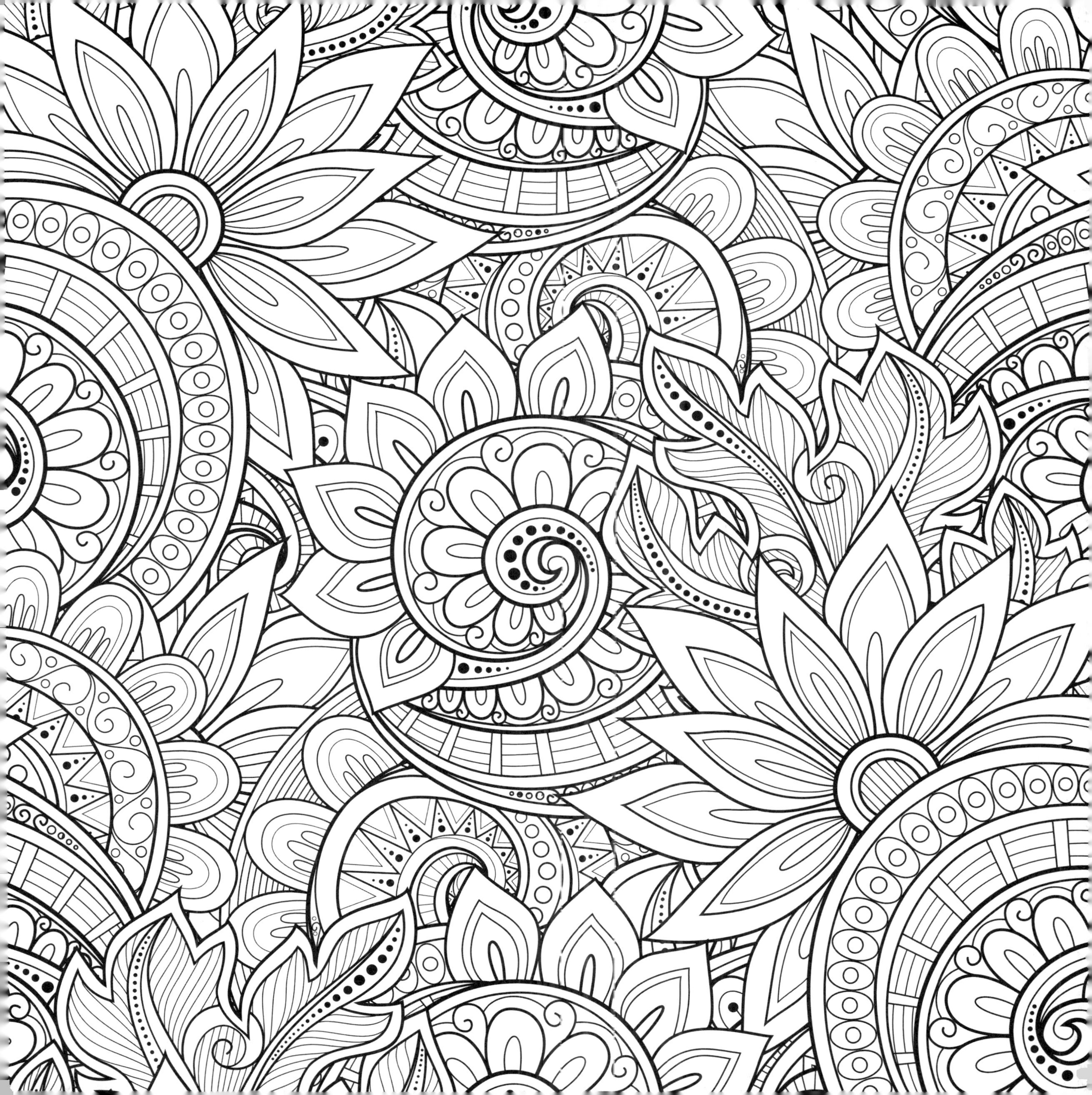

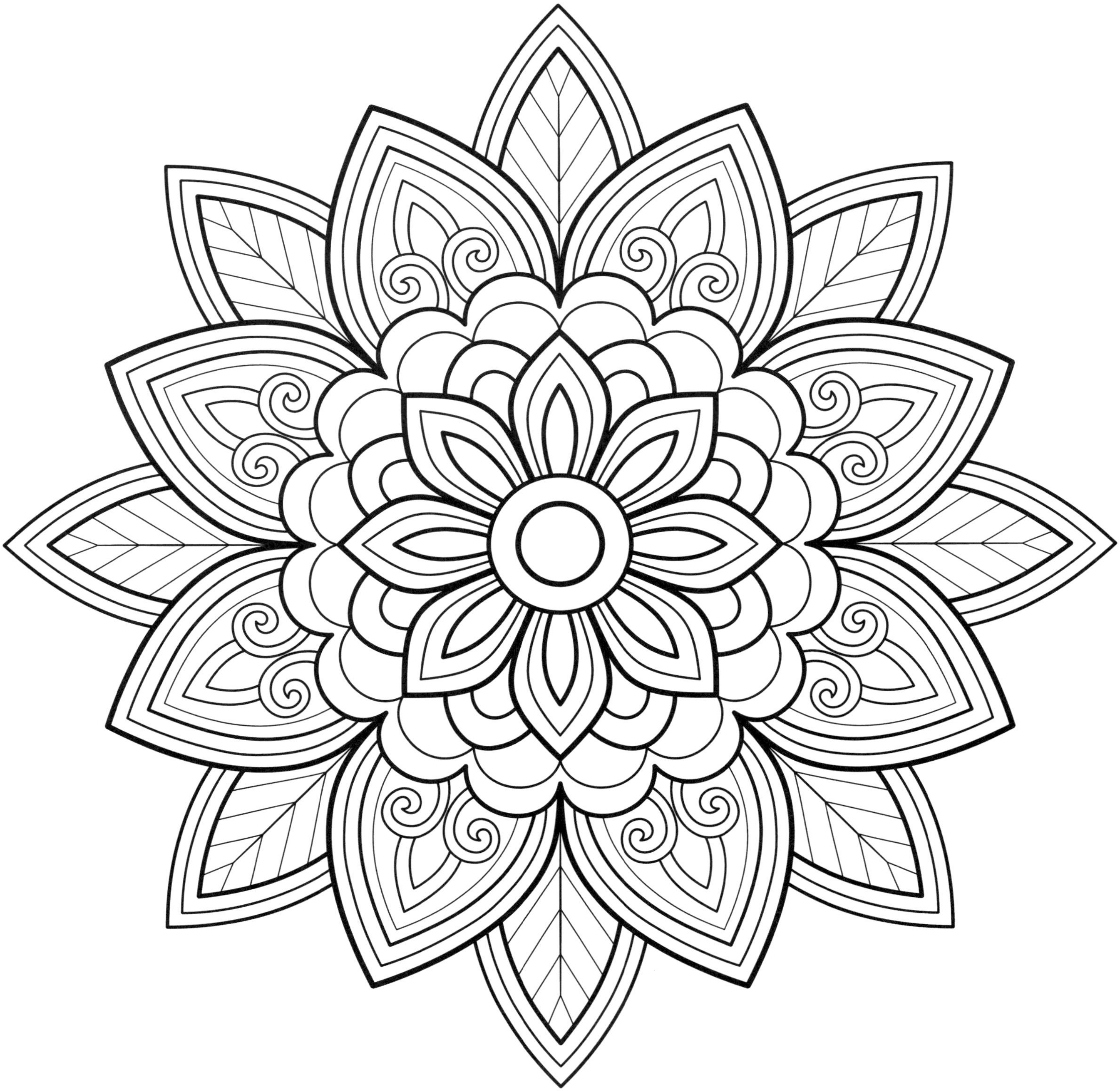

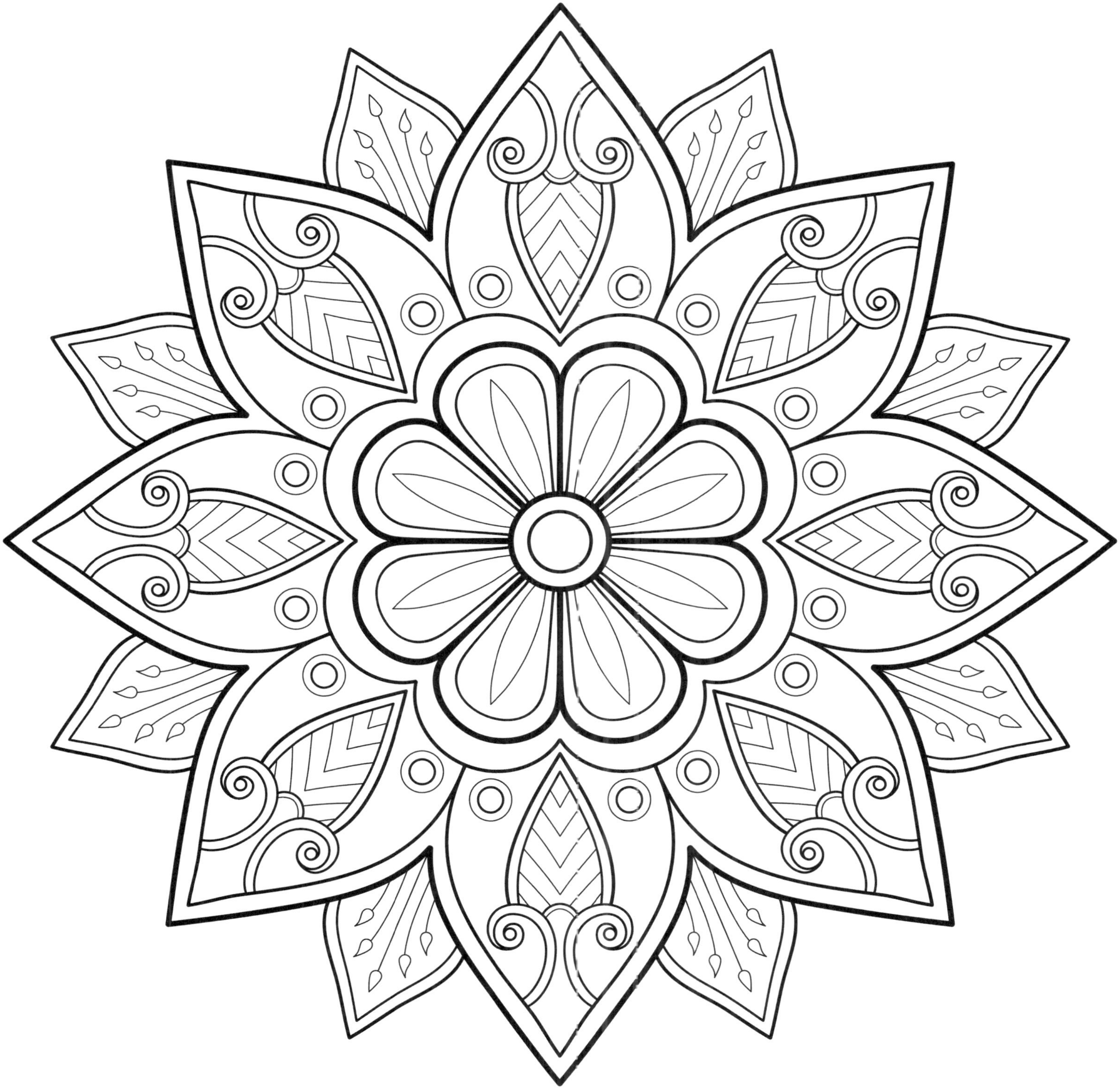

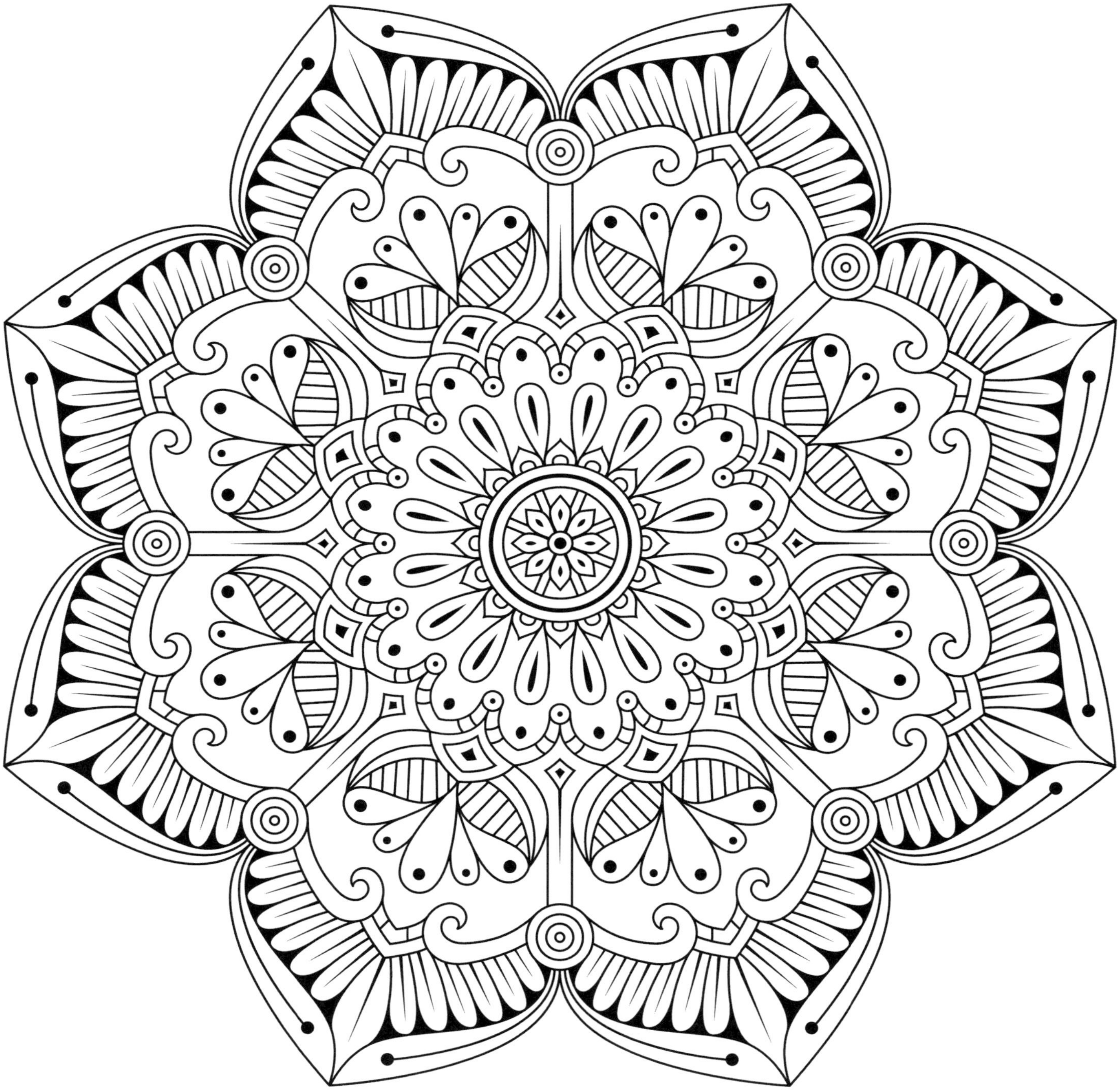

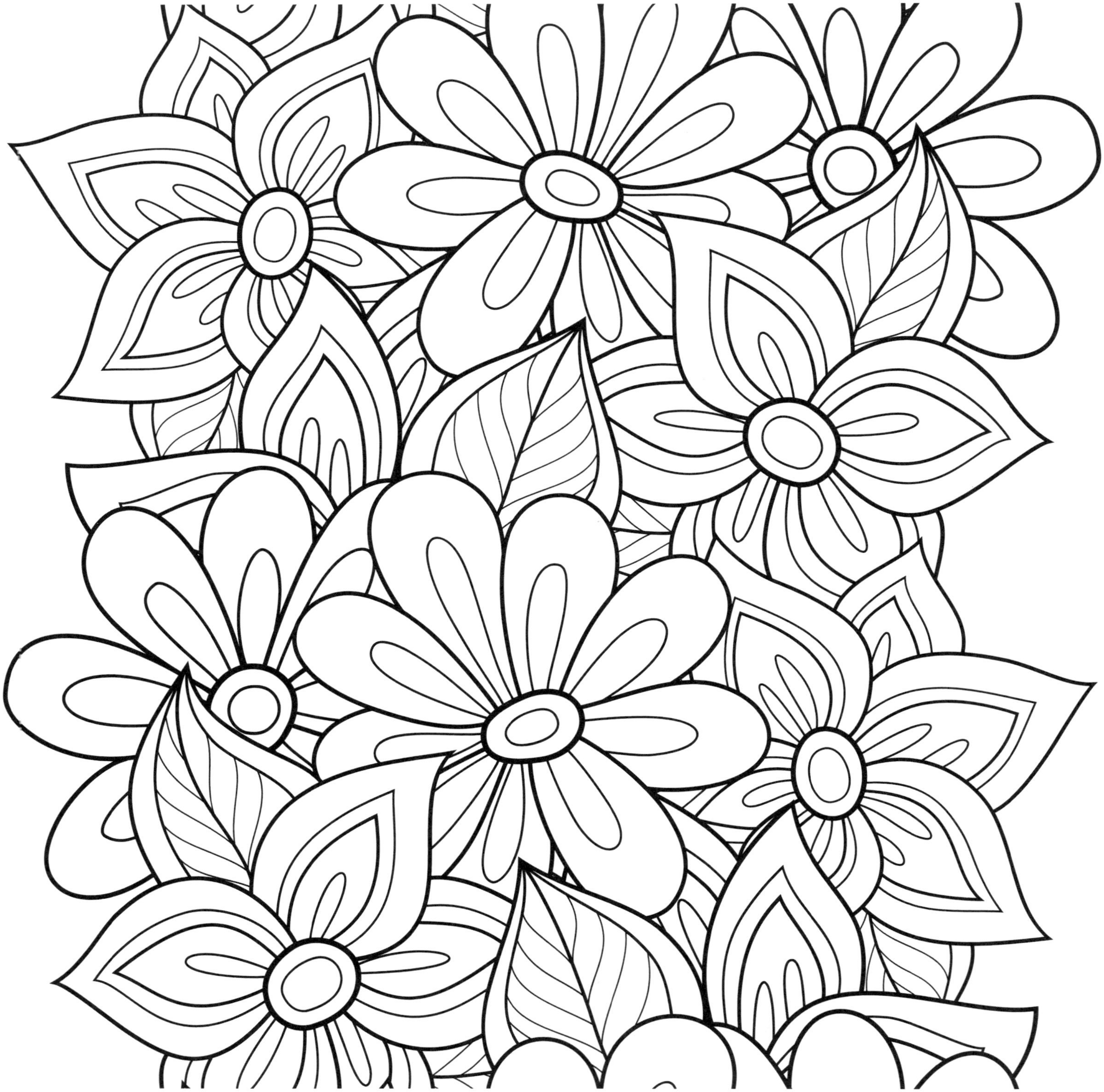

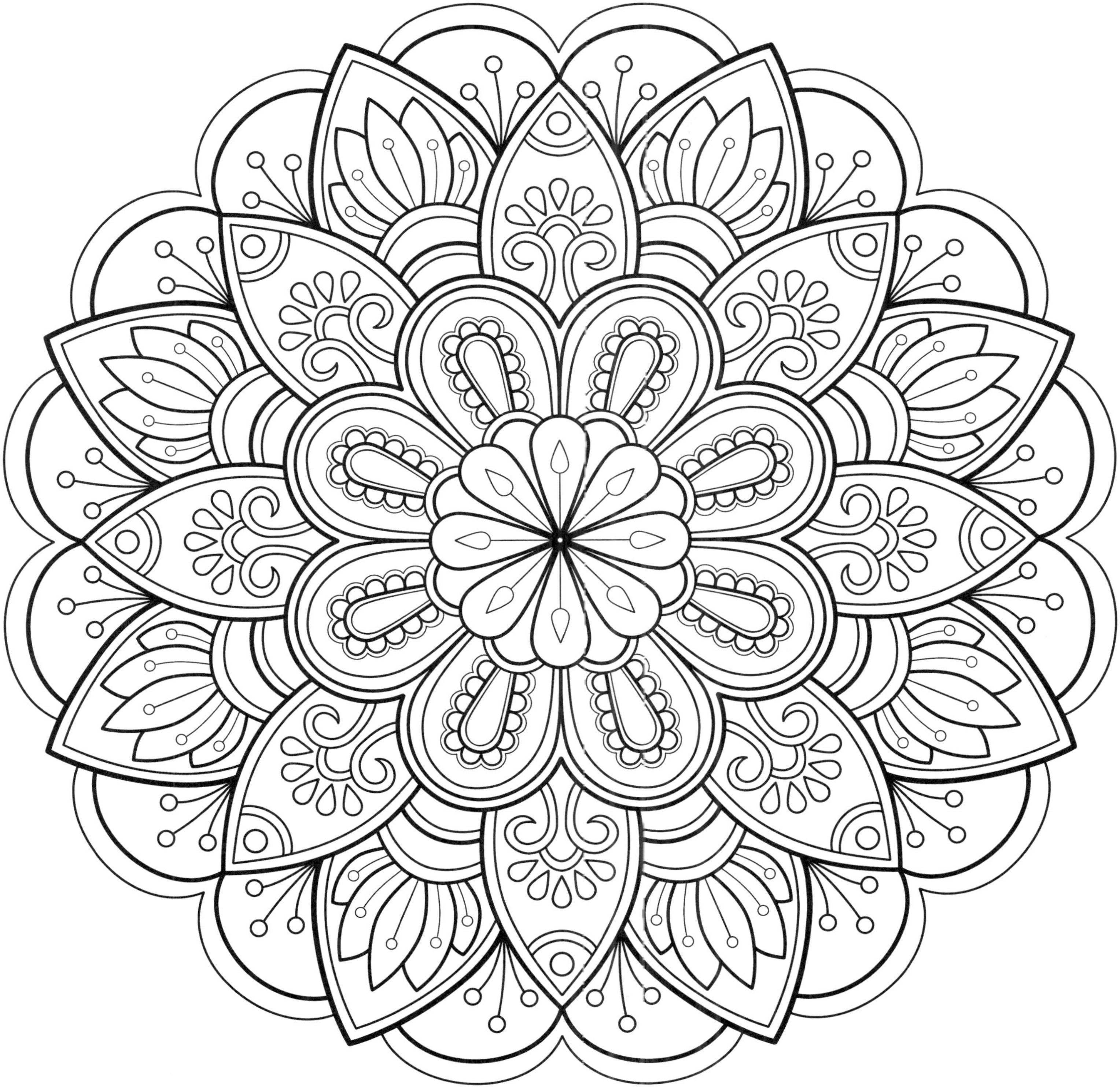

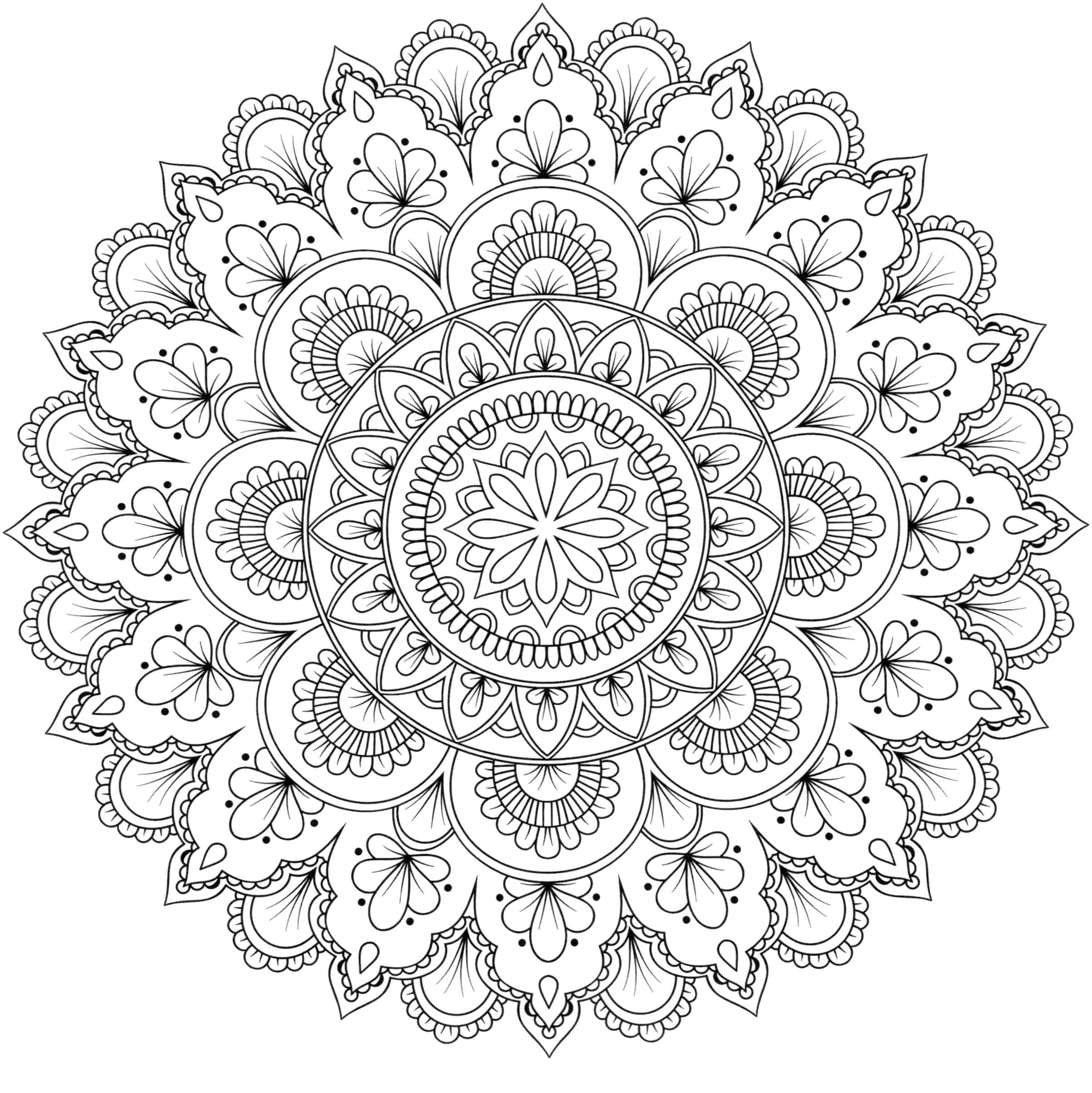

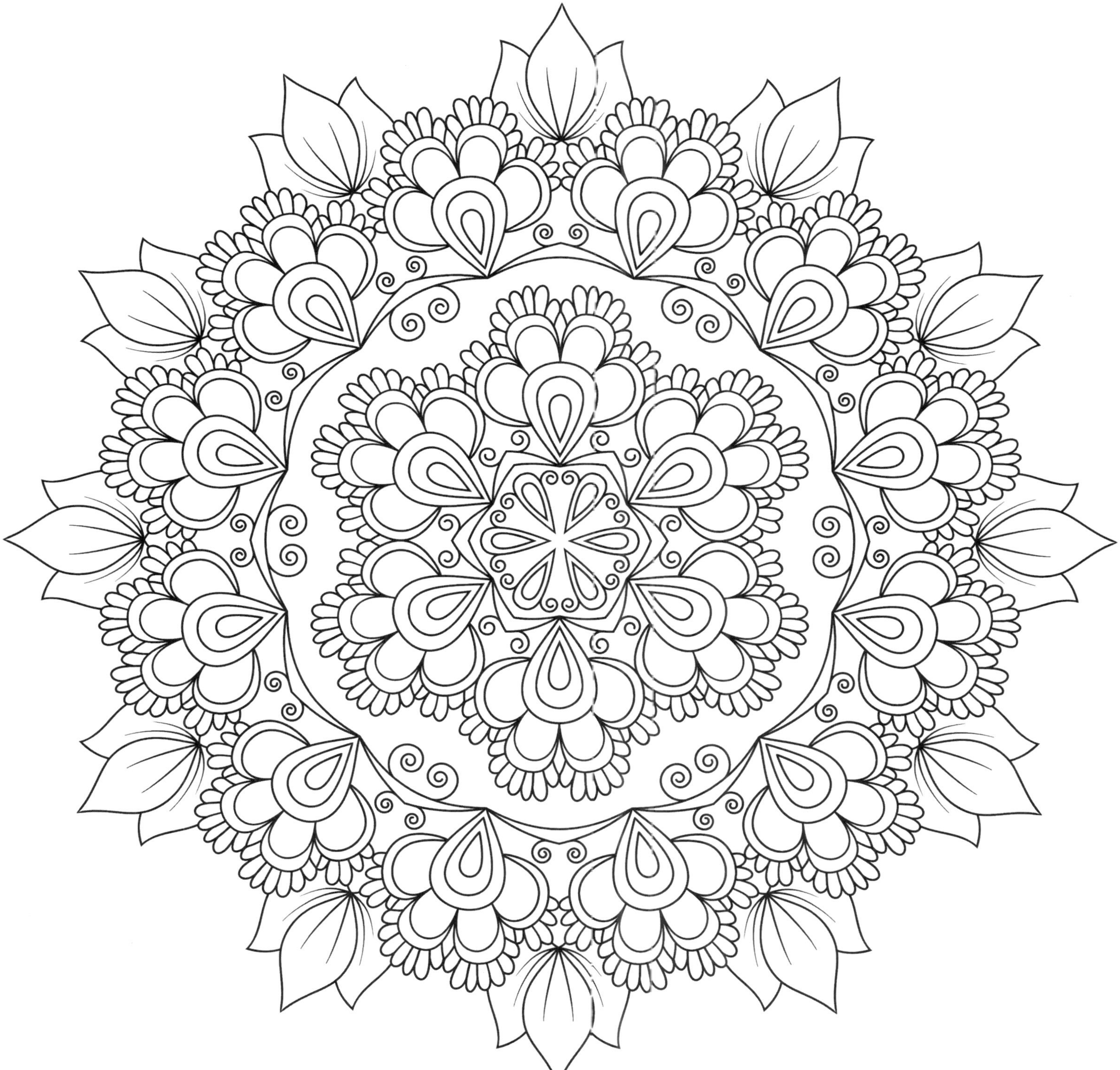

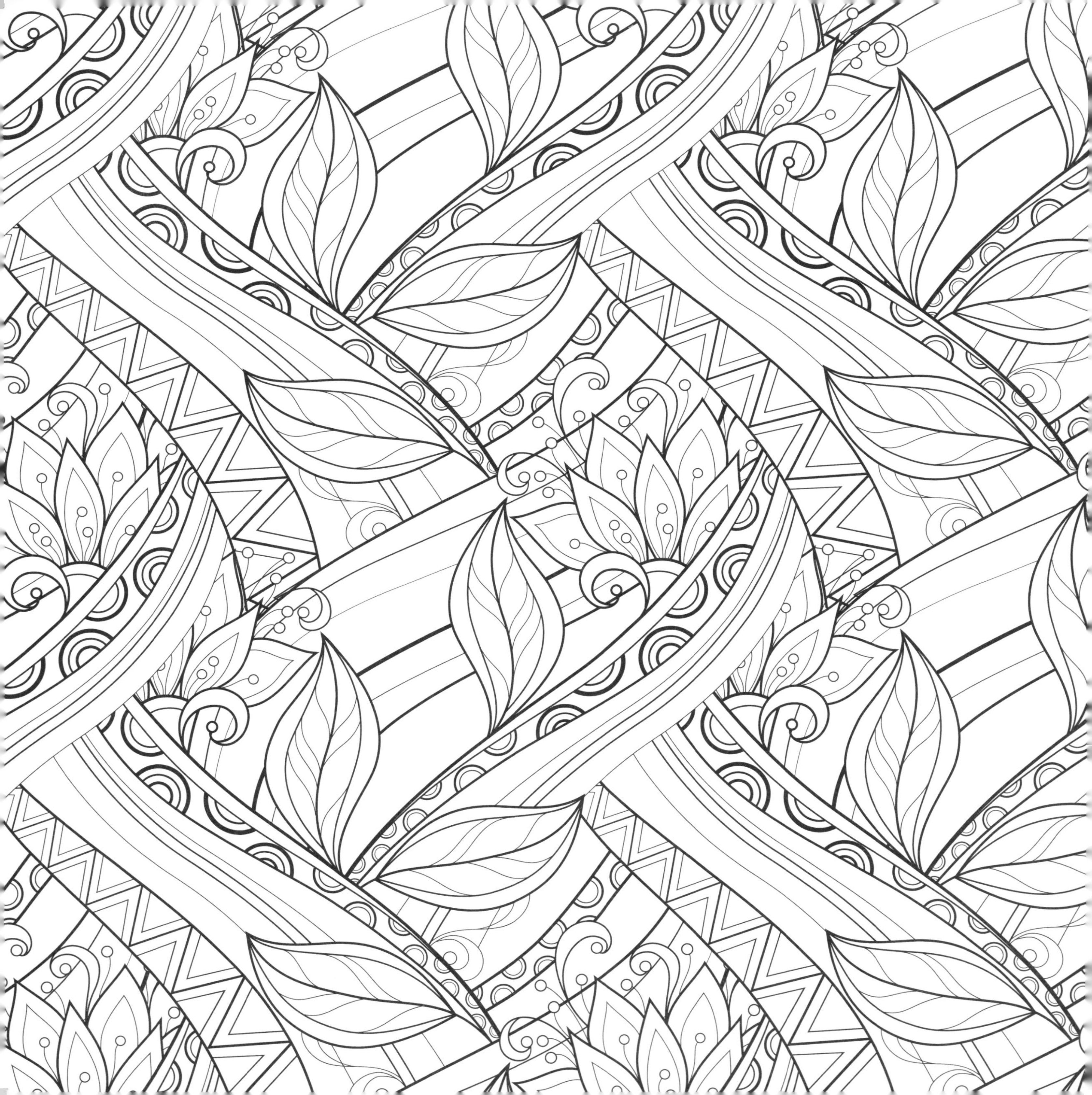

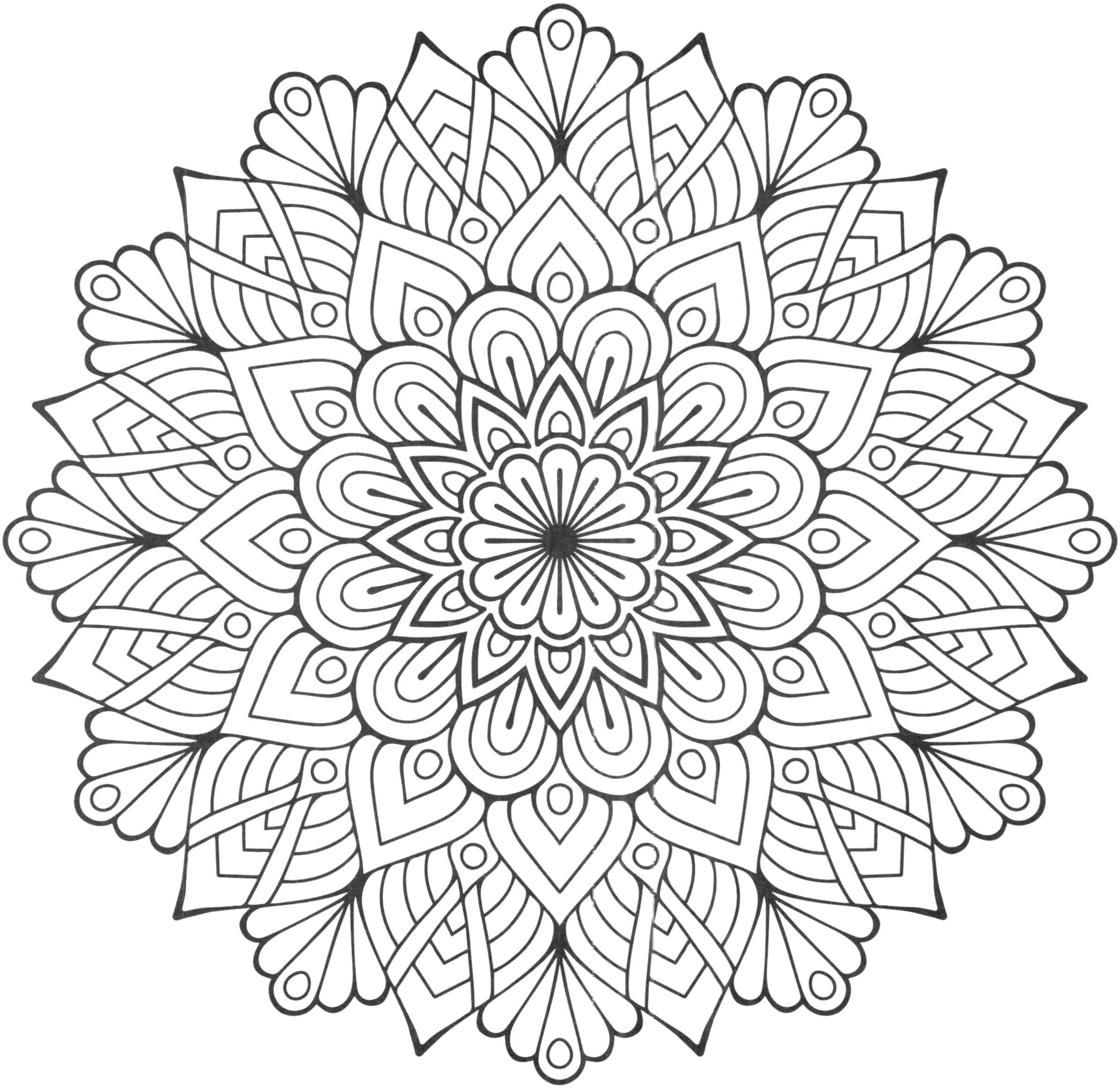

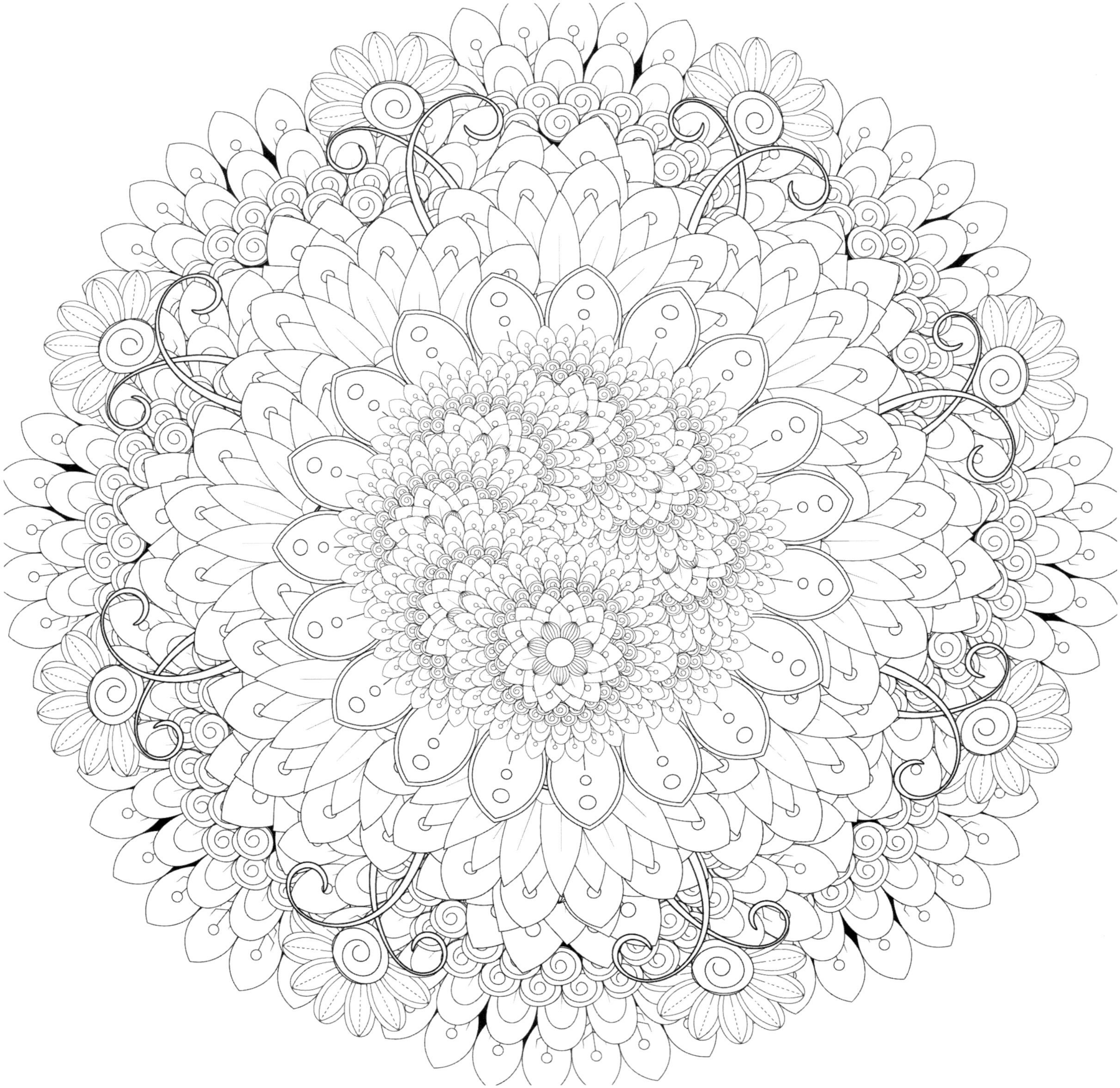

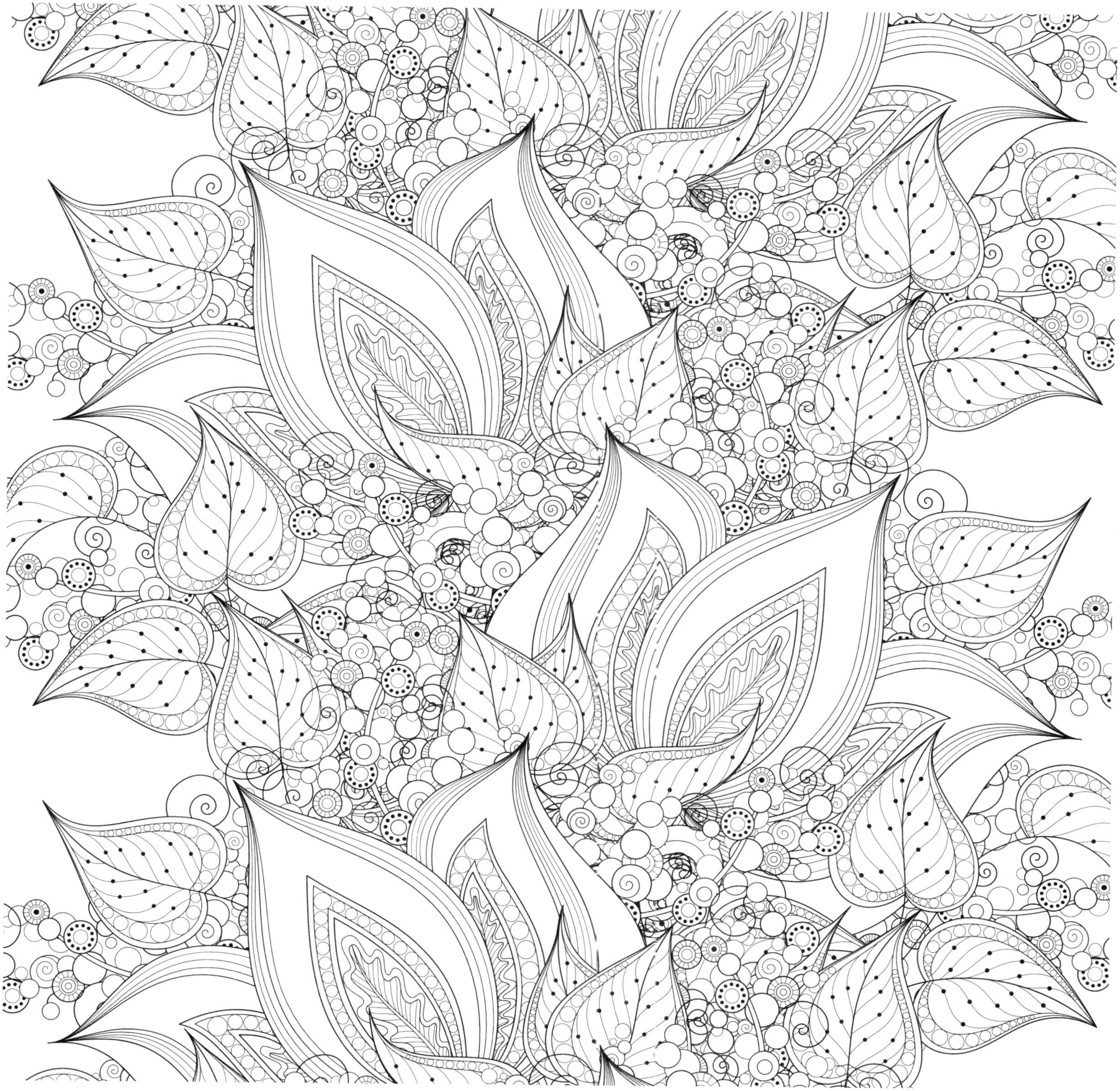

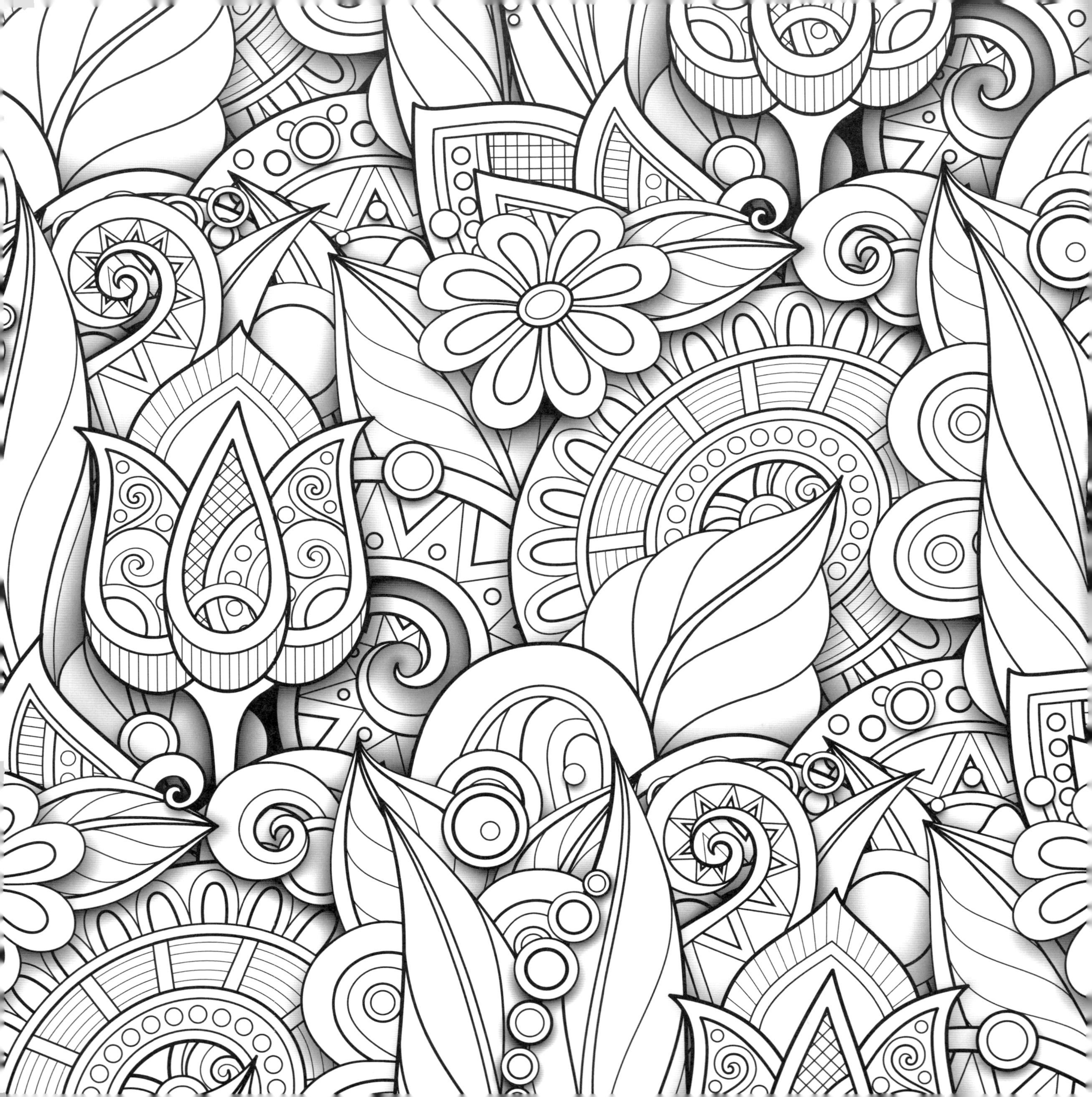